Klaus von Wiese

Die Geschichte der

Dröppelminna und Bergischen Kaffeetafel

Auch als Märchen für
kleine und große Kinder

www.buecken-sulzer-verlag.de

Für Leni, Basti, Nina, Julian und Ulla

© Dezember 2018
Verlag: bücken & sulzer verlagsgemeinschaft
Das Werk ist urheberrechtlich geschützt.
Sämtliche, auch auszugsweise Verwertungen bleiben vorbehalten.
Rechte dieser Ausgabe:
bücken & sulzer verlagsgemeinschaft
Idee & Texte: klaus von wiese, Martin Ahrens
Illustrationen & Layout: vladi
www.atelier-vladi.de

ISBN 9783 9474 38051

Inhalt

Dröppel<u>mina</u> oder Dröppel<u>minna</u>?

Die bauchige, birnenförmige Kaffeekanne aus Zinn, die mit einem Kränchen versehen ist und auf drei Füßen steht, verdankt ihren Doppelnamen zwei Eigenschaften.

Das „Mina", der Kose- und Rufname von Wilhelmine, musste herhalten für einen dienstbaren Geist, den sich Reiche leisten konnten, das „Minna" derber für die Magd eines Bauern.

„Dröppeln" beschreibt bildhaft, wie der kleine Ausguss schnell von Kaffeesatz verstopft wurde und nicht gern gesehen tröpfelte. Tröpfeln auf Niederländisch druppelen(drüppelen) und auf Platt dröppeln.

„Mina" sagten die feinen Leute. Wer herzhaftes Platt sprach wie die Menschen im Bergischen, sagte „Minna."

So um 1800 begannen wohlhabende bergische Familien mit dem regelmäßigen Kaffeetrinken. Bis dahin war Kaffee wie auch Tee nur als Arznei bekannt. Ihre Dröppelminna, erst mit der Zeit in größerer Zahl hergestellt, hielt Einzug in viele Familien. Für manche noch Statussymbol, sogar aufwändig im Stil des bergischen Barock. Daneben gab es die einfache „Blechminna" für weniger wohlhabende Leute, die teuren Bohnenkaffee mit billigem Malzkaffee mischten.

Heute ist die Dröppelminna wieder unverzichtbarer Bestandteil der Bergischen Kaffeetafel, des beliebten „Koffeedrenkens met allem Dröm on Dran".

Vor allem auch bei Kindern ist die seit Generationen überlieferte Kaffeetafel beliebt; sie bedienen sich auch aus der Minna, halt eben mit Kakao.

So freundlich wie sie aussieht, lieben die Kinder ihre Minna: besonders die, die nicht dröppelt. Nicht, weil sie Mitleid mit ihr haben. Sondern weil sie anders ist wie sie selbst und viele anderen Menschen auf der Welt.

Im übrigen ist eine Bergische Kaffeetafel eine üppige Mahlzeit, die keine Rücksicht auf Kalorien oder Joules nimmt.

Sie besteht aus Korinthenstuten, Milchreis mit Zimt und Zucker, Honig, Apfel- oder Rübenkraut, deftigem Schwarzbrot, Schinken und Wurst, Quark („Klatschkäs"), Butter und Waffeln.

Zuerst bedient man sich mit dem Süßen, bestreicht den Korinthenstuten mit Butter und Honig und türmt darauf den „stiefen Ries", den steifen Reis mit Zucker und Zimt. Danach folgt Deftiges, und dem folgen schließlich die Waffeln; meist Herzwaffeln als ‚Fünferpack'. Brot, Kraut und Marmeladen wurden in bäuerlichen Haushalten selbst hergestellt; Schinken und Wurst lieferte die Hausschlachtung. Gekrönt wurde und wird auch heute noch das Ganze für die Großen mit einem „Kloaren", einem bergischen Korn. Ein prominenter Gast hat einmal gesagt: „Der bergische Klare ist ein Korn, in den man keine Flinte wirft."

Na dann: für die Großen Kaffee und Korn.

Für die Kleinen das Märchen mit der Minna, die nicht dröppelt.

Die kleine Minna
dröppelt nicht

In einem hübschen Gasthaus im Bergischen Land, lebt in der Vitrine der Großmutter Familie Dröppelminna. Sie hat eine große Verwandtschaft, die auch im Bergischen Land wohnt. Weit verstreut, und trotzdem kennen sich alle und mögen sich sehr.

Dieses Bergische Land liegt irgendwo. Viele Menschen finden es und auch jedes Navi. Wer einmal dort war, kommt wieder, und wer dort lebt, geht nicht fort. Wie die Familie Dröppelminna.

Mutter Dröppelminna ist eine gute Köchin. Aber es ist nicht leicht, die Familie satt zu bekommen. Eines der drei Kinder hat immer Hunger.

Am besten kann sie Kaffee kochen. Den liebt nicht nur Vater Dröppelminna, sondern den lieben auch die Gäste, die in das hübsche bergische Gasthaus kommen.

Wenn die Gäste an der Kaffeetafel Platz nehmen, verlässt die Familie Dröppelminna Großmutters Vitrine und nimmt ihren Platz auf der großen Tafel zwischen all den feinen Sachen ein, die es dort gibt.

Jede Dröppelminna hat ihren festen Platz auf der Bergischen Kaffeetafel. Die Mutter steht zwischen dem fein duftenden Korinthenstuten und dem deftigen Schwarzbrot und der Vater zwischen steifem Milchreis und Zimt und Zucker.

Vater Dröppelminna achtet streng darauf, dass ihre zwei Kinder, die mit auf die Bergische Kaffeetafel dürfen, ihren Platz haargenau einhalten: neben Quark, Honig, Apfel- und Rübenkraut, Butter und den herrlichen Herzwaffeln. Aber hat die Familie Dröppelminna nicht drei Kinder? Minna, das jüngste Kind der Familie Dröppelminna, hockt in der Vitrine der Großmutter und weint. Sie weint immer, wenn sie auf der Kaffeetafel nicht dabei sein darf.

Ihre Eltern und ihre Geschwister sagen nämlich, dass sie gar keine richtige Dröppelminna ist, weil sie nicht dröppelt. Und dass nur eine Dröppelminna, die richtig dröppelt, auf eine Bergische Kaffeetafel und sich Dröppelminna nennen darf. So bleibt für sie nur Minna ohne Dröppel übrig.

Nicht selten machen sich auch andere Dröppelminna Kinder über Minna lustig. Im Kindergarten, in der Schule und auch, wenn sie auf der Straße spielen. Minna lassen sie dann nicht mitspielen. Wenn Minna sich dann traurig auf die Mauer des Nachbarn setzt, singen sie:

Jetzt steigt Minna nicht mehr auf die Mauer. Meistens geht sie weg und ist für sich allein traurig, und manchmal weint sie sogar.

Einmal, das Wetter ist herrlich, spielen viele Dröppelminna Kinder Fußball. Minna will da mitmachen, aber keine der Mannschaften wählt sie. Sie ist enttäuscht und klettert auf das Dach ihres hübschen Gasthauses und genießt den weiten Blick über das schöne Bergische Land.

Ein Bauer ist mit dem Traktor unterwegs und besucht seine Kühe, bei denen ihre Kälbchen stehen.

Früher war das sicher auch schon so, denkt Minna. Viel früher. Noch viel früher. Damals mit Pferd und nicht mit Traktor. Und wenn der Bauer müde nach Hause kam, trank er Kaffee. Wie heute ein Bauer auch.

Und wenn der Bauer früher mal feierte, kamen viele Gäste. Verwandte, Freunde, Nachbarn. Dann deckten die Bäuerin und die Magd für den Nachmittagskaffee die große Tafel, den großen Tisch, an den alle passten.

Was kam da nicht alles drauf.

Korinthenstuten und Schwarzbrot, steifer Milchreis, Zimt und Zucker, Quark und Honig, Apfel- und Rübenkraut, Butter und warme duftende Herzwaffeln.

Warme duftende Herzwaffeln mag Minna am liebsten.
Tief bog sich die Kaffeetafel unter all den Herrlichkeiten,
und immer wieder riefen die Gäste nach der Magd in ihrer
schönsten Schürze: „Minna, bring uns noch Kaffee."
Wer ärmer war und keine Magd hatte, stellte Kannen aus
Porzellan auf die Kaffeetafel, aus denen sich die Gäste
selbst bedienten.

Eines Tages kam ein schlauer Handwerker und fertigte eine
kunstvolle Kanne aus Zinn: mit drei Beinen, einem Ausguss
und einem Krähnchen.
Aber, sagte sich der schlaue Handwerker, auf die Magd will
ich nicht verzichten, und so formte er eine zweite Kanne aus
Zinn, die – mit viel Fantasie –, wie eine Magd aussah, wie
eine Minna mit in die Hüften gestemmten Armen.

Diese Minna begeisterte die Menschen, und alle, die es sich leisten konnten, gaben bei dem schlauen Handwerker auch eine Minna in Auftrag.

Nur eines konnte der schlaue Handwerker nicht verhindern: dass das Krähnchen zu tropfen anfing, wenn der Kaffeesatz es verstopfte.

Dann riefen die um die feine Tischdecke besorgten Gäste der Bergischen Kaffeetafel: „Luur ens, dat Minna dröppelt."
Und andere riefen: „Jo, die is en richtige Dröppelminna."

Minnas Traurigkeit und Tränen auf dem Dach des hübschen Gasthauses fliegen davon. Sie muss sogar lachen, wenn sie daran denkt, wie ihr lustiger Familienname Dröppelminna entstanden ist.

Aber bald schon ist Minna wieder traurig. Denn alle in der Familie und Verwandtschaft heißen Dröppelminna, nur sie nicht: weil sie nicht dröppelt wie die anderen. Dabei kann sie nichts dafür. Das ist einfach so. Seit ihrer Geburt. Und warum machen sich dann viele lustig über sie? Ärgern und mobben sie sogar?

Das Telefon klingelt. Minna reicht ihrem Vater, der ein wenig eingenickt war, den Hörer. „Nun mach schon", sagt sie. „Vielleicht sind es hungrige Wandersleute."

Vater Dröppelminna nimmt seufzend den Anruf entgegen – und fängt an zu zittern, als wäre ihm eine dicke schwarze achtbeinige Spinne auf die Nase gefallen.

„Der König", flüstert er und macht eine tiefe Verbeugung.

„Die Königin hat Geburtstag", sagt der König, und Minna kann alles mithören. „Und ich möchte ihr etwas Besonderes bieten. Etwas, das es nur in meinem Königreich gibt. Eine Bergische Kaffeetafel ‚met allem Dröm un Dran'."

Vater Dröppelminna ist sofort aus dem Häuschen. „Geht klar", ruft er und immer wieder „geht klar."

„Moment, da ist noch etwas", unterbricht der König seine Begeisterung. „Ich bringe mein eigenes Tischtuch mit, das mit dem Königswappen an allen vier Enden."

„Geht auch klar", ruft Vater Dröppelminna, „ja, geht auch klar", doch der König unterbricht ihn erneut. „Ich dulde keinen einzigen Flecken auf meinem königlichen Tischtuch. Haben Sie, Herr Dröppelminna, das verstanden?"

Vater Dröppelminna rennt freudestrahlend zur Vitrine der Großmutter zurück. Minna folgt ihm nachdenklich.

Aufgeregt erzählt Vater Dröppelminna von der großen Ehre, dass der König und die Königin sich zu einer Bergischen Kaffeetafel bei ihnen angesagt haben. „Mit seinem eigenen Tischtuch mit dem königlichen Wappen kommt er zu uns", berichtet er, „auf dem es keinen Flecken geben darf!"

„Aber wie soll das gehen", ruft Mutter Dröppelminna in die Familienrunde, „keinen Flecken darf es auf dem königlichen Tischtuch mit dem königlichen Wappen an allen vier Enden geben? Wie soll das gehen?"

Minna denkt nach, während ihre zwei Geschwister ratlos die Köpfe schütteln. „Wir sind doch richtige Dröppelminnas", rufen sie, „und wir dröppeln."

„Stimmt, und sofort gibt es Flecken", sagen Mutter und Vater wie aus einem Mund.

Keine Dröppelminna weiß einen Rat. Und sie wissen, wenn ihnen keine Lösung einfällt, müssen sie den ehrenvollen Besuch des Königs absagen. Das wäre eine Schande, die sich sofort im ganzen Königreich herumsprechen würde.

So vergeht der Tag, so vergeht die Nacht. So vergeht ein weiterer Tag, und die Enttäuschung wächst und wächst. „Es bleibt uns keine Wahl", greift Vater Dröppelminna am Abend schließlich zum Telefon. „Ich muss unserem König und der Königin schweren Herzens absagen."

Da drängelt sich Minna nach vorn. „Vier Dröppelminnas", ruft sie, „suchten eine Lösung und haben keine gefunden." Sie nimmt dem Vater den Hörer weg. „Warum habt ihr nicht mich gefragt?"

„Ausgerechnet dich, Minna?", rufen die zwei Geschwister, „haha, dass wir nicht lachen."

„Wie ihr wollt", antwortet Minna und tut so, als sei sie tief beleidigt. „Ich, ich weiß nämlich, wie man die Bergische Kaffeetafel mit König und Königin retten kann."

Minna dreht sich um, als wolle sie die Vitrine verlassen.

„Minna, dass wir den Besuch des Königs absagen müssen", hält sie der Vater zurück, „ist Drama genug. Mach dich nicht auch noch lustig über uns, weil wir keine Lösung gefunden haben."

Minna steht da, die Arme in die Hüften gestemmt.

„Ihr dröppelt", erinnert sie an den Unterschied zwischen den Eltern und Geschwistern und sich und droht mit ihrem rechten Zeigefinger, „und deshalb macht ihr überall Flecken."

Minna holt tief Luft. „Das ist der Grund, warum ihr nicht auf die Kaffeetafel mit der königlichen Tischdecke mit dem Königswappen an allen vier Enden dürft."

Minna sieht sich triumphierend um. „Und wer dröppelt nicht?"

„Olle Kamelle", rufen ihre Geschwister. „Das wissen wir, seit du geboren bist."

„Halt", ruft Mutter Dröppelminna dazwischen, „jeder darf bei uns seine Meinung sagen. Also lasst sie sagen, was sie meint. Auch wenn… " Sie hat wenig Hoffnung und seufzt. „Also los, Minna."

„Ihr alle", beginnt Minna mit leiser Stimme „seid zu mir überheblich und oft gemein, weil ihr glaubt, dass nur ihr richtige Dröppelminnas seid." Minna schluckt. „Es stimmt ja auch, weil ihr dröppelt. "

„. und wir deshalb Flecken machen!"

Mutter Dröppelminna fasst sich an den Kopf. „Ja, nur du nicht, weil du nicht. "

Totenstille tritt ein. Alle stehen da mit gesenkten Köpfen.

So kommt es, dass Minna allein die Königin und den König auf der Bergischen Kaffeetafel met allem Dröm un Dran versorgt und dass die königliche Tischdecke mit dem könig-lichen Wappen an den vier Ecken ohne Flecken bleibt.

Die Königin ist begeistert und wird Minnas beste Freundin.

Der König ist auch begeistert und verleiht Minna einen Orden.

Und die Fußballmannschaft des FC Dröppelminna wählt Minna zu ihrem Kapitän.

Dröppelminna - ein Lebenslauf

Vor allem im Bergischen ist die Ansicht verbreitet, dass die Dröppelminna ihren Ursprung in ihren Breiten hat. Weit gefehlt. Lediglich den Namen, sprachlich in ihren Dialekt eingefärbt, darf sie für sich beanspruchen.

Bereits im 16. Jahrhundert fand der Kaffee den Weg aus dem Osmanischen Reich nach Europa. Erste Kaffeehäuser entstanden in Italien, Frankreich und England. Aber es waren die Niederländer, die sich am leidenschaftlichsten für den Kaffeegenuss entschieden. Bis heute.

Zu jeder Gelegenheit gehörte auf jeden Tisch eine Kanne Kaffee. Der Einfachheit halber zur Selbstbedienung, was einen findigen Tüftler dazu anregte, eine Kaffeekanne auf drei Beinen mit einem Zapfhahn (Kraan) zu bauen, sogar bald mit mehreren Zapfhähnen (Kranen). Bald auch auf drei Beinen, damit man unter die Kanne ein Stövchen setzen konnte, das den Kaffee heiß hielt. Die Kranenkanne war erfunden.

Der Weg war nicht weit, und mit den handelstüchtigen und kaffeedurstigen Niederländern kam die Kranenkanne bald schon in die Hansestädte nach Norddeutschland. Mit dem 18. Jahrhundert trat die Kranenkanne auch dort ihren Siegeszug an. Allerdings gemächlich, denn noch war Kaffeetrinken aus Kostengründen nur den Reichen vorbehalten.

Erst gut ein Jahrhundert später eroberte die Kranenkanne auch die Kaffeetafeln der Bürger und stieg vom Statussymbol zum Gebrauchsgegenstand auf.

Über das Münsterland, Niedersachsen und das Ruhrgebiet kam die Kranenkanne auch ins Bergische und nistete sich dort im Bergisch-Bäuerlichen auf den bei Familienfesten beliebten Kaffeetafeln ein.
Die zuerst für den Gebrauch bestimmte unansehnliche Form der Kanne veränderte sich zur heutigen Form aufgrund einer Legen-

de. Wurde nämlich dem Kaffee an der Tafel tüchtig zugesprochen, rief man die Magd zum Nachfüllen. Die hieß nicht selten Minna, oder man nannte eine Magd einfach so wie einen Kellner Herr Ober. Also fertigte ein tüchtiger und humoriger Handwerker eine Kanne an, die in ihrer Form einer drallen Magd ähnelte.

Die Dreibeinigkeit der Kanne ließ zu, dass zur Warmhaltung ein Stövchen darunter gestellt werden konnte.

Die meist aus Zinn gefertigten Kannen und Zapfhähne hatten einen Nachteil. Noch gab es keine Kaffeefilter. So genannte Perkolatoren kamen erst später auf. Sie hatten in ihrem Inneren einen Kaffeefilter und ein Steigrohr und gelten als Vorläufer der Kaffeemaschine.

Noch ohne Filter, setzte sich der Kaffeesatz auf dem Boden ab und verstopfte den Kran, so dass er tropfte. Schon hatte die Kranenkanne ihren neuen Namen weg:

Minna, die Magd, und Dröppel wegen des Tropfens: Dröppelminna.

In anderen Regionen ging man weniger charmant bei der Namensgebung vor. Etwa Dreck hieß der Kaffeesatz, der sich unten im Pott absetzte. Dreckpott das Ergebnis.

Mit den Jahrzehnten verlor die Kranenkanne oder der Dreckpott oder die Dröppelminna ein wenig ihrer Bedeutung an moderne Kannen mit Filter bis hin zur Kaffeemaschine. Doch seit langem ist sie zurück und hilft den Menschen, alt und jung, auf der Suche nach Gemütlichkeit und Entspannung.

Vor allem im Bergischen ziert die Dröppelminna schon lange wieder private Kaffeetafeln wie die Kaffeetafeln in gemütlichen und der Tradition verhafteten Gasthäusern nicht nur im Bergischen.

Namen

Die **Kranenkanne**

auch **Dröppelmina** von *dröppeln* für tropfen

Mina für Wilhelmine, die Hausdienerin, die Magd.
Mina im hochdeutschen Sprachgebrauch üblich.

Dröppelminna aus dem Platt abgeleitet;
vor allem im Bergischen gebräuchlich

Dreckpott im Saterland, Landkreis Cloppenburg,
Niedersachsen

Literatur

Hermann Kaiser: *Der große Durst. Von Biernot und
Branntweinfeinden, rotem Bordeaux und schwarzem Kaffee.
Trinken und Getränke zwischen Weser und Ems im
18./19. Jahrhundert.* Cloppenburg 1995

Andrea Jungbluth-Zehnpfennig: *Einladung zur
Bergischen Kaffeetafel. Kaffeetrinken „met allem dröm on draan".*
Gaasterland-Verlag, Düsseldorf 2009